Die grosse Notensammlung

Klavier

Die Klassiker von A bis Z

Bearbeitet von
Margarete Babinsky

Band II: Von Dvořák bis Mendelssohn

The Big Music Collection

Piano

The Classics from A to Z

Edited by
Margarete Babinsky

Volume II: From Dvořák to Mendelssohn

© Naumann & Göbel Verlagsgesellschaft mbH, Köln

All rights reserved

ISBN 3-625-17009-4

www.naumann-goebel.de

INHALT

BAND II

VON DVOŘÁK BIS MENDELSSOHN

HÄNDEL, GEORG FRIEDRICH (1685–1759)

HAYDN, JOSEPH (1732–1809)

HELLER, STEPHEN (1813–1888)

JOPLIN, SCOTT (1868–1917)

LISZT, FRANZ (1811–1886)

CONTENTS
VOLUME II

FROM DVOŘÁK TO MENDELSSOHN

Böhmischer Tanz

Zwei Perlen

Antonin Dvořák

Allegretto grazioso

Humoreske Ges-dur
op. 101 Nr. 7

Antonin Dvorák

Poco lento e grazioso

Più lento

Sonatine d-moll

Zdenek Fibich

Allegro assai moderato e patetico

rit. a tempo

sempre ben tenuto

attacca

19

Furiant - Böhmischer Tanz

Presto *(energico)*

23

Nocturne B-dur
Nr. 5

Cantabile, assai lento

John Field

Der Puppe Klagelied

César Franck

Canzonetta a-moll
op. 19 Nr. 3

Niels W. Gade

Allegretto con espressione

Russische Polka

Michail Glinka

Walzer

Lyrische Stücke op. 12 Nr. 2

Edvard Grieg

Wächterlied
Lyrische Stücke op. 12 Nr. 3

Edvard Grieg

Molto Andante e semplice

Intermezzo (Geister der Nacht)

Elfentanz
Lyrische Stücke op. 12 Nr. 4

Edvard Grieg

Molto Allegro e sempre staccato

Volksweise
Lyrische Stücke op. 12 Nr. 5

Edvard Grieg

Norwegisch
Lyrische Stücke op. 12 Nr. 6

Edvard Grieg

Presto marcato

Albumblatt
Lyrische Stücke op. 12 Nr. 7

Edvard Grieg

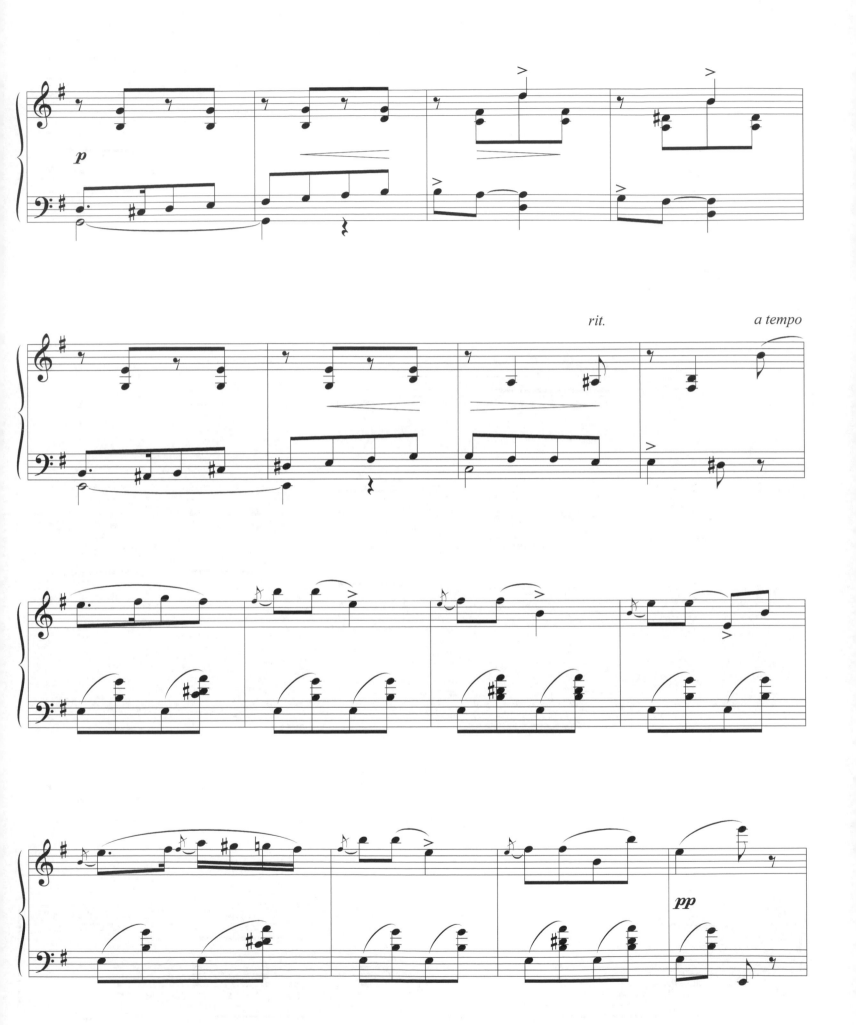

rit.   *a tempo*

Elegie
Lyrische Stücke op. 38 Nr. 14

Edvard Grieg

Walzer
Lyrische Stücke op. 38 Nr. 15

Edvard Grieg

Schmetterling

Lyrische Stücke op. 43 Nr. 17

Edvard Grieg

Allegro grazioso

Einsamer Wanderer

Lyrische Stücke op. 43 Nr. 18

Edvard Grieg

Vöglein
Lyrische Stücke op. 43 Nr. 20

Edvard Grieg

Erotik

Lyrische Stücke op. 43 Nr. 21

Edvard Grieg

An den Frühling
Lyrische Stücke op. 43 Nr. 22

Allegro appassionato

Edvard Grieg

Notturno
Lyrische Stücke op. 54 Nr. 33

Edvard Grieg

Andante

Hochzeitstag auf Troldhaugen

Lyrische Stücke op. 65 Nr. 53

Edvard Grieg

71

Tempo I

stacc. sempre

Kobold
Lyrische Stücke op. 71 Nr. 62

Edvard Grieg

Menuett D-dur

Georg Friedrich Händel

Sarabande d-moll

Georg Friedrich Händel

Impertinence g-moll

Georg Friedrich Händel

Sarabande mit Variation d-moll

Georg Friedrich Händel

Variation

Fantasia d-moll

Georg Friedrich Händel

Chaconne C-dur

Georg Friedrich Händel

Chaconne d-moll

Georg Friedrich Händel

90

Passacaglia g-moll

Georg Friedrich Händel

Var. 13

Var. 14

Var. 15

Menuett F-dur

Joseph Haydn

Zigeunertanz

Joseph Haydn

Minore

Maggiore

Minore

Maggiore

104

Arietta con 12 variazioni
Hob. XVII/2

Joseph Haydn

Var. 2

Var. 3

Var. 6

Var. 7

Var. 8

Var. 11

Var. 12

Sonate G-dur
Hob. XVI/8

Joseph Haydn

Menuet

Andante

Sonate F-dur
Hob. XVI/9

Joseph Haydn

Allegro

Menuet

119

Menuet da capo

Scherzo

Sonate A-dur

Hob. XVI/12

Joseph Haydn

Menuet da Capo

Finale

Sonate e-moll
Hob. XVI/34

Joseph Haydn

131

attacca subito

Vivace molto

Adagio
Sonate F-dur Hob XVI/23

Joseph Haydn

144

Finale
Sonate D-dur Hob. XVI/37

Joseph Haydn

Da capo sin'al segno 𝄇

Präludium für Lilli

Stephen Heller

Moderato

The Entertainer

Scott Joplin

Repeat 8va

The Easy Winners

Scott Joplin

Not fast

Consolation Des-dur
Nr. 3

Franz Liszt

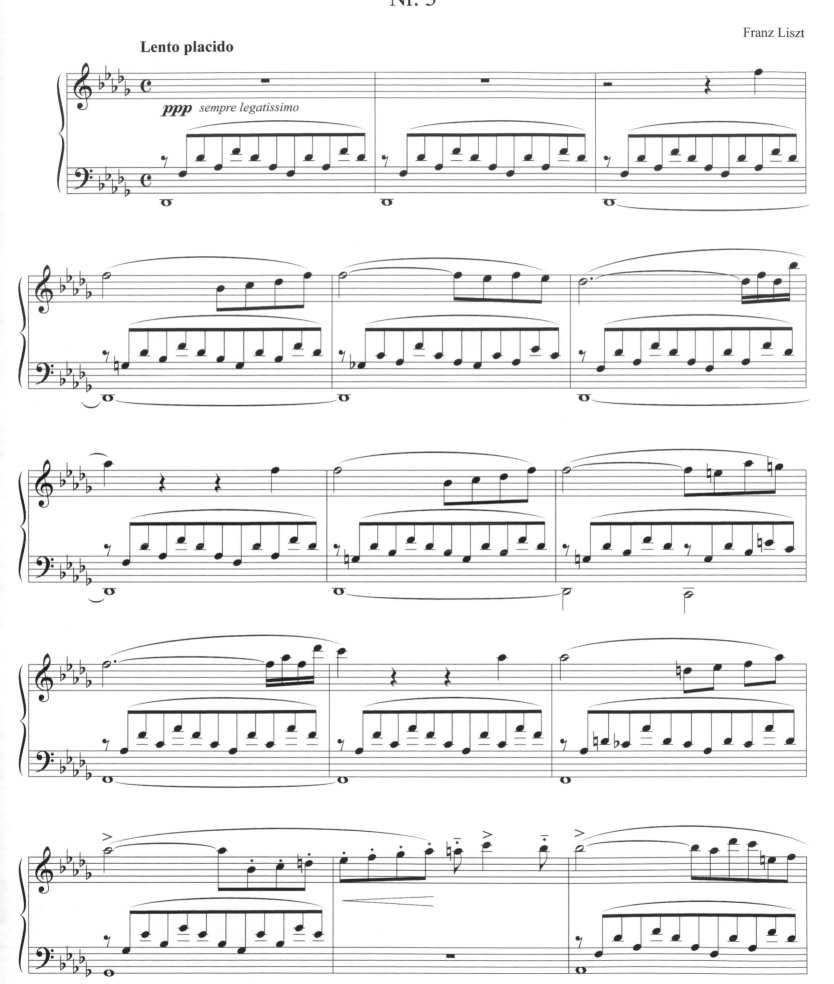

159

160

Notturno III "O Lieb" As-dur
Liebesträume

Più animato, con espressione

poco a poco rit.

smorz. e rit.

Ungarische Rhapsodie B-dur
Nr. 3

Franz Liszt

Tempo I

An eine wilde Rose
op. 51 Nr. 1

Edward MacDowell

With simple tenderness

Romanze d-moll

Felix Mendelssohn

Lied ohne Worte a-moll

Lieder ohne Worte op. 19b Nr. 2

Felix Mendelssohn

Venetianisches Gondellied g-moll

Lieder ohne Worte op. 19 Nr. 6

Felix Mendelssohn

Venetianisches Gondellied fis-moll
Lieder ohne Worte op. 30 Nr. 6

Felix Mendelssohn

Allegretto tranquillo

Lied ohne Worte c-moll

Lieder ohne Worte op. 38 Nr. 2

Allegro non troppo

Felix Mendelssohn

Frühlingslied A-dur
Lieder ohne Worte op. 62 Nr. 6

Allegretto grazioso

Felix Mendelssohn

Spinnerlied C-dur
Lieder ohne Worte op. 67 Nr. 4

Felix Mendelssohn

194

Rondo capriccioso
op. 14

Felix Mendelssohn